Boarische Bsychologie

Dieter Theinert

Boarische Bsychologie

Bibliografische Information der Deutschen Nationalbibliothek:
Die Deutsche Nationalbibliothek verzeichnet diese Publikation in der Deutschen Nationalbibliografie; detaillierte bibliografische Daten sind im Internet über http://dnb.d-nb.de abrufbar.

Herstellung und Verlag:
Books on Demand GmbH,
Norderstedt

ISBN 978-3-8391-6724-3

Am neinzendn Mai anno 1958 bin I
geboan.

Noch da Schui bin I zua Bolizei ganga,
wo I dann neinahoib Jahr garbad hob.
Des war a schene Zeid, doch noch an
Diensdunfoi hob I doad kündigd.

Danoch bin I ins Vasicharungsgschäfd
gwächsld, wo I heid selbsdschdändig bin.

A baar Schiggsalsschläg, wia oamoi
heiradn, hob I, wia jeda andane a,
hinda mia. Doch doduach bin I
schdoiza Vadda von a Subadochda.
Si is jedz fasd fuchzen Jahr oid und
hoasd:

Maria.

Ira, meina Mama und olle andan Leid
wünsch I:

Gsundheid und Freid am Lem.

Inhalt

Boarische Bsychologie

Boarische Bsychologie
(oda a bissl wos zum Nochdenga)

A

Aba, aba, des schiachste Word,
des's übahaubd gibd.
I dad da gean heiffn, aba
i hob grod koa Zeid.
Es duad ma leid, aba heid kon I ned,
obwoi I's da versprocha hob.

B

Bussln dua I füa mei Lem gean,
do dazua muassd aba easd amoi
de Richdige findn, bei mia is
des scho bassiad, des woas i genau.
A Jäda andane dad drama vo
so a Frau.

C

Chistlich Soziale … ? Na bolidisch wean
de Zeiln ned, wea des moand,
soi aufhean mid'n lesn.
Weda vom Griag no von Bardein,
des bassd do ned hea.

D

Drama dua I gean. Drama dafo,
das ois bessa wead auf dera Weid.
I schaug hoid a gean an Himme auffe
und schau ma d'Schdean o und hoff,
dass oane oba foid, a Schdeanschnubbn.
Drama deaf ma doch, des hod no koana
vabodn.

E

Elefand, Eisbea, Esel, olle Vicha san sche.
Aff, Pinguin oda Dromedar, Wuam,
Raubm und Käfa,
dadrädn deaf ma koan,
des bringd Unglück, do bin I ma sicha.

F

Freid am Lem, d'Veegl bfeiffn hean,
d'Sun am Himme genauso säng,
wia an Mond.
D'Schwammal im Woid und d'Räh,
d' Gams und d'Enzian am Berg,
des is a Freid.

G

Geid, des is ned ois auf da Weid.
Guade Freind, de san vui wichdiga,
des gschpannd ma aba easd,
wenn ma a Moi richdig drinn sidzd,
in da Bredullie.

H

Handy, des is da Nachfoiga vom Telefon,
des war de easde saudumme Eafindung.
Früara is ma no zum Nachbarn
umeganga auf an Radsch und da
Handschlog hod a no wos guidn.

I

I, des is gands wichdig. Ma muas a
a Moi an si seiba denga,
ned oiwai blos an de andan.
Drozdem deaf ma's ned fagessn,
wenn's oam a scho moi ghoiffn ham.

J

Jedz des macha, wos i ma eibuid.
Ned auf moing vaschiam, wei ma ja
ned woas, wos moing is.
Ma dad manchmoi de scheensdn Sacha
vasama, wenn mas ned glei gmachd häd.

K

Kinda, de wo ma erzeigd ham,
zua Ealichkeid eaziang.
Drauf aufbassn dass's gsund bleim.
Eana aba a an Blädsinn beibringa,
so dass's a a Moi wos dslacha ham,
des is wichdig.

L

Liebe, a Liab, Amore oda wias's a hoasd.
So wos scheens. Wea des ned midgmachd
hod, dea hod echd wos vasamd,
glabd's as ma, i woas fo wos I red.

M

Musi schbuin, oda singa, bfeiffn,
oda midsumma, des glangd.
A wen's ned schee is.
I zumindesd hea eana
gean zua, de Musikandn,
manchmoi sing I sogar mid,
wen koana zuahead.

N

Na, des kon I ned, des gibds ned.
Eigendlich hoasd's dann:
I mog ned, I drau mas blos ned song.
Des is dann des Thema mid da
Ealichkeid und mid dem,
das ma andane zwar oschwindln, aba
ned oliang soid.

O

Oide (Die Alte), des is a Nama füa a
Kua.
Und zwar sogd ma beim Einidreim in
Schdoi zu dene Rindviecha:
Gäh, Oide gäh.
Unsane Damen ham si freili schenane
Nama vadeand ois wia: Mei Oide ....

P

Pfenning, wea den ledzdn ned ead, usw..
Gibd's ja leida nimma, seiddem mia den
Eiro ham.
De Bedeitung bleibd aba drodsdem:
Ma soid a mid gloane Dinge dsfrin sei.

Q

Quein fo oim is da Glaube,
an wos a imma,
ob dea do drom Muhammed, Allah oder
Jesus Christus hoasd, des is egal.
Haupdsach mia glam dro,
dass's oan gibd, sonsd bissd valoan.

R

Rache is siass, ein absolada Schmarrn,
si duad nämli genau so wäh, wia Neid,
Hass, Missgunsd und Seibsdmidleid.
Brauchd's a übahaupd ned,
den Blädsinn, einfach dro denga,
da oa is a so und da anda a so.

S

Sein Senf muass ma ned
übaroin dazua gem.
Liawa s'Mai hoidn, a wen's hard foid.
Wos foissch hod ma glei gsogd
und se dabei an Schifa aizong.
Oiso liawa d'Goschn hoid'n.

T

A Buachsdab, dea in da boarischn
Schbrach seidn voakimmd, wai a so
hard is. Mia schreim ja sogar an Deife
andas, aba oa Word foid ma jäds
doch no ei, Tä, dea beruhigd so schee.

U

An Unfoi hom und si wäh doa, wea hod
do ned Angsd davoa. Aba muass a jäda
Unfoi wäh doa?
Kon a so a Zuafoi ned a a moi füa wos
guad sei?.
S'häd ja a wos Schlimmas bassian kena,
oda?

V

Vui zfui Gfui, gibd's des? Is's ned schee,
wen oana woana und lacha kon?
Wen oane draurig und lusdig sei kon?
Zvui Gfui gibd's ned, eha zweni.

W

Warumm, wiso und wesshoib. Imma wida
denkd ma üba d'Vagangenheid noch.
Foisch dad i song, s'Wichdigsde iss's
wos in da Zukunfd bassiad, oda ned?

X

Xare, Mardä, Doni, des bringan
mia hoid bessa naus, ois wia Xaver,
Martin und Anton.
Desswegn wead uns hoffendlich
koana bäs sei.
Wei schee, schee iss scho unsa Schbrach.

Y

Yuchu, middn in unsam Landesnam
gibd's a no diese Ledda:
Gott mid dia du Land der Bayern,
so beginnd de Nationalhymne.
Schwar ko's jedz nimma sei, wo mia san.

Z

Zua, Zeid zum Zug, meara Buachsdam
hama ned in da boarischn Schbrach.
Glangd a leichd, sonsd wead's 'zfui'.

Dang schen füas lesn.
Vileichd heiffd's dem oan
oda dem andan?
Brobiad hob is, meara kon I ned macha.

Anschdand

den hod ned a jäda.
Des is a koa Frog
von arm oda reich.

Do kon oana an hauffn
Geid hom, aba an dem
andan feids eam völlig.

Andraseids soid ma koan
vadeifen, wen a koan Flida hod,
wea woas scho genau warum.

Manche san reich geborn,oda
ham a Glück ghabd im Lem.
De andan ham si vielleichd scho
amoi wos daarbad ghabd, doch
duach a Unglück ois valoan.

Drodzdem ham si de oan eanan
Anschdand beward und de
andan ham no nia oan ghabd.

Denga

Soi ma bevoa ma redt.
Des is ganz beschdimmd
d'Wahrheid.

Ofd sogd ma wos,
des wo ma danoch bereid.

Aba wenn's amoi herauss is,
dann ko ma's nimma zrugnema.

Manchmoi bereid ma a,
wos ma grod gsogd hod.
Doch gschäng is gschäng.

Manch oana hod si dabei
scho an Schifa eizong.
Drum deng noch bevor's d'redsd.

Fäla!

I'm Lem gibd's koan,
dea wo koane machd.

Blos as zuagem,
des is ganz sche schwar.

A jäda Bua hod sei Mama oglong,
oda ogschwindld.
Aba, wenn as zuagem hod,
dann hod's as eam vaziehn.

Wea sogd,
dass a no koan gmachd hod,
dea liagd si seiba o.

Wenn aba a moi de Liagarei
zvui wead, dann kimmd ma
ganz schwar wida aussa.

Drum is's am Bessdn,
dass ma's zuagibd,
wenn ma an Fäla gmachd hod.

Schdammdisch

„Grias Eich" sogd ma beim eine geh.
„Hog Di hea, wos war an gandsn Dog?"
Is des schee!

Wen si Deine Schbäzin
um Di kümman dean,
dann woasd Du bisd dahoam
und ned in da Fean.

Hob I Soang oda a moi a Freid,
dann song meine Freind:
„Schee iss's, oda des duad ma leid!"

Droddl gibds's gnua an a so an Blods do.
Und dann deng I ma,
jäds duads as scho!

Dann zoi I und gäh doch einfach,
bevoa I ma an Äaga mach.

Däbbn muas i ned hom wei:
„I muas mi scho an gandsn Dog blong".

Rumgriacha

Vor andane rumgriacha,
is des wiaglich nodwendig?

Vor'm Hergod san olle gleich,
do gibd's koan Undaschid.

Warum gibd's dann bei uns
so vui Brobleme damid?

Iss's ned egal, ob's a Näga is,
Haubdsach ea is anschdändig.

Ob roud, geib, schwarz oda weiss,
a jäda Mensch hod sei
Rechd zum lem.

Is ea a Generaldirekda
oda a Kanalarbeida.

Wenn's aufs Gloo gengang,
dann riachd's bei olle gleich.

Zum Nachdenga

Da Himmevadda

ea is do, fois ma dro glabd.
Sei Hand hebd a schüdznd
üba uns olle, wen ma den
Glaum dazua hod.

Wo ea genau is und
wir a wiaglich hoasd,
des wea ma olle
midanand ned dafrong.

Da Glaube dro, dea alloa,
dea duad scho guad.
Wea den valoan hod,
dea kon an a am Fundamd
ned zruggriang.

Des muas ma scho seiba
macha, do kon oan
koana heiffa.

S'Lem

Es bschdähd ned blos aus arbadn,
des is sicha.

S'Lem ko ma ned leana,
des muas ma einfach säng.

In da Frua aufschde kena
und gsund sei, Sunnaschdroin
genau a so geniesn, wia
Rengdropfn, dann bassd's.

Freid und Soagn kean zam im Lem.
Genau so wia Eidan und Kinda,
Grossvoda und Oma,
olle dsam machans aus, as Glück.

Gemeinsam sam ma schdarg,
aloa sei is ned sche im Lem.
Easd wenn ma des kabiad,
dann woas ma, wos bedeid:

S'Lem!

Dangschen

A Woad, des ma nia vagessn soid.
S'duad guad, wenn ma's griagd.
A Lob do dafüa, das ma wos do
hod füa an andan.

Da Nachbarin wos midbringa,
wen ma zum eikaffn gäd.
Und do dafüa a Dangschen griang.

Des is genauso sche,
ois wia si a Musika gfreid,
wen a an Ablaus griagd,
füa des, das ea grod
sei Besds gem hod.

As Dringgeid füa d'Bedienung
is a oans, a gloans Dangschen
füa s'Lächln, des wo's drauf
ghabd hod, as Freilein.

Ned vagessn soid ma's
dessweng und kosdn
duad's a ned fui.

Jamman

Dean Dia a d'Fiass wäh,
oda bisd a bis wähleidig, gä?

Dei Jamman und Wäglong,
des muas ma easd amoi vadrong.

Hosd nix andas im Kobf,
do griasd ja an Grobf.

S 'Greiz, des schmeazd da arg,
gä red doch ned so an Quwarg!

Schaug doch amoi andane zua
und gib endlich Dei Rua!

Deng einfach amoi do dro,
wia sche des Lem sei ko.

Arbadn

S'is doch wundabar,
wen ma's kon as ganze Jahr.

Ned arbadslos oda grang sei,
des is's warum I mi gfrei.

Auf andane Leid eanane Kosdn lem,
des kundt mia koa Freid obgem.

Liawa doch d'Ärme aufgremben
und mid Freid in d'Arbad ge.

Dann hod ma a guads Gfui
auf d'Nochd, wen ma sei
Dogweag hod voibrochd.

Obagga

In de Hosndn d'Hend hom,
do konsd sichalich koa Dragl drong.

De Bladdn aufs Doch auffe hem,
füa des weads a andane gem.

A des Hoiz füan Kamin kand
ma macha lossn,
wei ansonsdn muas ma
bei da Arbad a no blosn.

Freili is sche, wen ma a Budzfrau hod,
oda a Köchin waschd an Salod.

Aba fo Nix, do kimd Nix,
hächsdns ma machds
wia da Wuidschüdz mid da Bix.

Wen dea in an fremdn Revia
zum jagan gäd,
dan hod a danoch nua as Gred.

Doch seiba arbadn und se wos schaffn,
do ko ma auf jädn Foi bessa schlaffn.

Blind

ko ma sei voa Wuad,
des is zwar ned richdig,
doch des bassiad manchmoi.

Ab und zua duad's so richdig
wä, wen oan oana äagad.
Do ko ma dann a Zeidlang
an gar nix andas mea denga.

Doch do muas ma raus, es
machd üba haubd koan Sinn,
si üba andane aufzreng.

Wen ma an Hass auf jemandn
schiabd, dann is ma blind
füa de schena Sacha im Lem.

Drum soid ma imma schaung,
das ma wida raus find, aus dem
Negativn, denn des duad koa Guad.

Äaga

In da Schui, da Arbad,
oda mid an Lebensgefeadn.
Wia kon ma denn an
soichan vameidn?

As Leana muas oan Schbass
macha, do dafüa san
d'Lera zuaschdändig.
Aba midmacha soid a a
jäda oanzlne Schüla,
sonsd kon's nix wean.

An Beruf, den suachd ma
se meisdns seiba aus.
Freile ko ned a jäda nua
des macha, wos a gean duad.
Doch a heidzudog kon ma
a Moi wos Neis ofanga, wen des
andane ums Varrega ned bassd.

Mid da Liab, do weads dann
scho a bissl schwiriga, wen ma
gschbannd, dass's ned bassd.
A Zeidlang ko ma scho brobianm
dass de Sach wida guad wead.,
aba wen's gar nimma hi haud.
Dann gibd's einfach nuo no
oans: a vanünfdige Drennung.

Gerechdigkeid

Manchmoi moand ma,
es gibd koane auf da Weid.
Imma wida driffds den oan,
und da anda, moand ma,
dea gähd bei de Schiggsals-
schläge laar aus.

Is's den aba wiaglich a so?
Vielleichd hod's den andan
a scho dawischd, oda
es baggdn a no iagendwann.

Blos wünschn soid ma's koan,
dass'n a amoi driffd.
Sowos kimmd oiwei wida
auf oan zrugg,
des kend's glam.

Kembfn

As ganze Lem is a Kambf.
Des fang scho bei da Gebuad o
und head beim Schdeam auf.

An jädn Schridd im Lem
muas ma si dakembfn.

Doch wea's ned kon oda
a ned wui, dem ko ma
a ned richdig heiffn .
Ma kon's zwar brobian,
aba an Resd muas a jäda
seiba z'Weg bringa.

Bei an jädn Kambf soid
ma aba aufbassn, das
ma ned unfäa wead.
Ned blos beim Schboad,
sondan a bei andane Sacha.

Wea bscheissd, wead vielleichd
ned glei dawischd, doch
irgendwann kimmd's wida
Redua, wen ma auf Kosdn
von andane glebd hod.

A Guads duads ned,
do bin I ma gandz sicha.

I valos mi do auf mei Gfui
und des sogd ma imma
wida: Bleib ealich, kembf
weida, dann schaffsd as scho.

Seiba

Ois muas ma seiba macha,
sonsd weads nix.
Schdimmd des?
Oda ned, des is de Frog.

Schaff I an andan wos o,
dann woas I ned,
obs gmachd is.

Wenn I aba seiba meine
Aufgabn eavui, woas I,
dass's gmachd san.

Ma ko si a blos seiba
ausn Dreg ziang.
De andan kenan
oam nua heiffn .

Und ma duad si ofd koan
Gfoin, wenn ma se blos
drauf valossd, dass
andane oiss erledign.

Wunda

Gibd's denn wirklich Wunda?
I seim glab scho dro, ia a?

Aloa scho de in da Natua:
Baam, Vicha, Wassa und d'Sun.

Ko des den übahaubd sei,
dass ma de ned sigd?
Do muas ma doch scho
ganz schee blind sei.

Vielleichd a, wenn ma
d'Hoffnung ganz aufgem hod,
oda in Deppressiona g'foin is.

Doch seibsd do ko ma rauskema,
wenn ma's wida sigd,
de schena Sacha im Lem.

Da Weg dohi is schwar,
des is scho klar.
Da Erfoig gibd oan
dann jedoch rechd
wei Wunda, Wunda de gibd's
ollawei, ma muass's blos säng.

Säglfliaga

Scheena wia a jäd Düsnjaga,
leisa wia olle Hubschrauba
und einfacha wia
a jäde Zwoamodorige.

So ähnlich wia a Bussard
oda a Adla in da Lufd.
Ganz om schwems am Himme.

Wea hod no ned dramd,
dass a seiwa fliang kon?
Ganz drom, ganz aloa,
ohne Modor.

Und wenn's blos so is
wia a Schboz.
Haubdsach fliang.

Wardn

Ma muas a amoi
wos dawardn kena.

Irgendwann wead oiss a so,
wia's sei soid.

S'ganze Lem beschdähd
blos aus wardn.

Obs auf'n Zug
oda im Schdau is.

Am Lifd und an da Kasse
muas ma si oschdeh.

In da Wiadschafd muas ma
auf'd Bedienung wardn.
Aba si hod blos zwoa Hend.

A jäda duad doch sei Besds.
Doch vui Leid ham
übahaubd koa Zeid mea.

Schod is des scho, dass dabei
de ganze Gmiadlichkeid
drauf gähd.

Is des wiaglich so schlimm,
wenn ma a bisl wardn muas?

Kinda

Schaug a moi eine, in Kindaaung:
Dene ko ma sicha no vadraun.

Si san unschuidig und klein,
d'Heazn san no ganz rein.

De hod sichalich no koana vadoam.
Do sans a no de meara Zeid dahoam.

Füa si kimmd de schlimme Zeid easd no.
S'kumd dann ganz auf'n Umgang o.

Nadüalich is a d'Eazihung wichdig,
dass' schbada im Lem wean richdig.

Wen mia eana ned an Weg zoang,
dann sans sichalich schbada valoan.

Oid wean,

dea ma olle midanand,
a d'Leid midn schena Gwand.

Geiz , Voruateile und Neid,
is schlimma wia a Grangheid.

Liaba des ned griang
und ned de bäsesde
Grangheid, as Liang.

Gsund und glügglich sei,
bis ins hohe Oida nei.

So soid a jäda lem
und andane a Freid gem.

Draurige Sachan gibds
gnua auf da Weid,
a füa de Leid
mid rechd fui Geid.

Tränen

Dean Tränen eigendlich wäh?
Ko ma fasd ned füa meglich hoidn.

Aba säng duad ma's nimma ofd.
wei ma's heid zudog vaschdegga muas.

So wia manche Leid in
Kella gängan zum lacha.

Ois zwoa ghead dsam find I,
wea ned lacha ko,
dem foid a as woana schwar.

Drum soi ma koan auslacha, dea blässd.
Es ko nämli schnei geh,
dann is ma seiba dabei.

Des ko ma oiwai wida fafoing.
As ganze Lem
hod's nemli fasd koana sche.

Vadraun

is guad, aba ma deafs
do damid a ned übadreim.
S'kon oan nämli bassian, das
ma do dabei schwar eibrichd.

Seibsdvaschdendlich soid
ma's aba a ned valian,
den es is ned oiss
schlechd auf dera Weid.

Doch zvui davo wen ma heagibd,
dann wead ma a leichd gleffed.

S'is dessweng ned vakead,
wenn ma Anfangs a bissl
skebdisch bleibd und des
Ganze easd wachsn lossd.

Des is nix Schlimms, wenn's
a a bissl lenga dauad
midn Vadraun in d'Leid.

Hoffnung

is wos, des wos ma
nia aufgem deaf.
Imma wida duad si a
Liachd am Himme auf,
a wen a no so grau is.

Ofd schdäd ma vor an
Broblem und dengd:
I woas nimma weida,
I kon einfach nimma!

Doch wenn ma einfach dro
glabd und d'Zen dsambeisd,
dann find ma a an Weg.

Dea kon a schdoanig und
hard sei, aba weida,
weida gäd's oiwei.

Jeds oda nia!

Den Schdia bei de Heandl bagga,
wenn's soweid is.
Koa Gelegnheid auslossn,
wenn sa si scho biad.

Des is in olle Lebnslagn aso,
ob in da Arbad oda in da Liab.

Wenn amoi de Richdige do is,
dann muas ma zuaglanga.
Wei sonsd is weg,
und dann schaugd ma bläd.

Drum soid ma's einfach fesdhoidn,
wenn's wos gscheids is,
d'Arbad oda d'Liab.

Dablegga

Soid ma jemand dablegga,
weil ea an Fäla hod?
Hod ned a jäda soichane?

Wen oana schdoddad
oda a bis'l langsama redt,
hoasd des dann audomadisch,
dass a dessweng däbbad is?

Wea sogd denn,das aus
dem Mai, wo's schneja
aussa schbrudld,
wos Gscheidas kimmd?

Kon's vielleichd ned
amoi gscheida sei, wen
ma nochdengd, bevoa
ma an Schmarrn redt?

Oda vielleichd glei
d'Gosschn hoid, wen
äh nix Vanünfdigs
aussa kema dad.

Zrugnema kon ma koan
Blädsinn nimma, wen a
scho ausse grudschd is
aus dem vorlaudn Mund.

Dungä

Iss's jedz a scho wida draussn.
Leida weads as im Winda
ollawei rechd boid.

Und dann schdäsd in da Fria
auf und es oiwei no a so.

Wiaso kon's ned efda
oda lenga hei sei?
Wea brauchd den
scho de koide Jahreszeid?

Wiaso is ned as ganze
Jahr Summa und sche Weda?

Doch wia is des dann
bei an Blindn?
Dea sigd sei ganz Lem ois
dungä und drodzdem weasd
de Leid ned
drüba schimbfn hean.

Blos mia kenan uns üba
soichane unwichdign
Sachan aufreng.
Warum eigendlich?

Vaschdeh

Vaschdeh kon I's scho,
doch kabian Dua I's ned,
des saudumme Gred.

Manche Leid ren vui an gands Dog,
doch wos gsogd ham, des is de Frog.

Polidiga kenan ren a gandse Schdund
und mia miasn dann rädsln,
wos aussa kema is aus eanan Mund.

Eana Gschwätz is manchmoi so wirr,
das'd drauf weasd ganz irr.

Olle gleich

Vor'm Hergod san olle gleich,
ob's arm san oda reich..

Ob roud, geib, schwarz oda weiss,
s Rechd zum lem hod a a Breiss.

Ob Kanalarbeida oda Gschdudiada.

Wenn's auf's Gloo gengan,
dann riachd's bei olle gleich.

Seiba dalebd

Ualaubsbekanndschafd

In a Bar in Afrika, do hob I amoi
a nedde Bekandschafd gmachd.

Mia ham midanand an hauffn
Blädsinn gmachd und
nadüalich a narisch vui glachd.

Witz hama uns gegenseidig vazeid
und wo ma überoin scho
umanand kema san auf da Weid.

Manches Bia hama midananda drunga
und zum Schluss no gemeinsam gsunga.

Ea hod mi dann no do drüba aufglead,
wia ea die Heimadreise odredn wead:

Mid an roadn Drainigsanzug
schdarded ea zum Heimflug.

Auf mei Frog, wiaso ea des duad,
hod a gsogd: Roud muas a sei
wenga da Farb vom Bluad.

De Schbrizza, de san ned galandt,
wenn da Fliaga grod oba foin kandt.

Und zum Oziang muass's ebbas
schboadlichs sei,
wei zum Besichdign bei an
Flugzeigabschduaz keman de
Leid oiwei in a Tuanhalle nei.

Wo a Rechd hod, hod a Rechd
dea guade Mo, doch I hoff
füa eam, ea lebd no!

Dangschen füa di Hilfe

S'Personal im Grangahaus Agadariad,
des wead niamois ned miad.

Drodz eanam schdressign Lem,
deans de Badziendn
oiwei no a Lächln gem.

Si san Dog und Nochd
füa eanane Leid do,
egal ob füa a junge
Frau oda an oidn Mo.

Obs a Schbrizzn gem
oda as Essn bringa,
an Vaband oleng, oda wos
eischengan zum Dringa.

Koa unfreindlichs Woad
weasd ned hean,
a wen eanane Gäsd amoi
voa Schmeazn blean.

Ois zfriena Gasd,
dea hoffentlich as Schbidal
boid wida valasd,
mächd I mi bedanga.
I hoff, im Nama von olle Granga.

Leagang

Do hod ma an unheimlichn Zwang,
ma muas an Kulduaschrid drong.

S'woas koa Mensch wos des soi, gwassln
da de Lera doch scho d'Orwaschl voi.

D'Sauaschdoffzufua wead vamindad
duach den Schdrig,
kaum das I no an d'Dofe viare sig.

Dem oan Nachbarn sei Deo hod vasogd,
da anda hod mi wenga Radschn
grod beim Lera vaglogd.

An ganzn Dog hams so
vui Blädsinn vazeid,
wea hod mi blos füa den
debbadn Leagang ogmeid?

Abodägn, Schmeazmiddl
und ähnliches

Ledzdns war I tatsächlich
amoi in da Abodägn.
Schuid do dro war mei Doggda,
wei dea gmoand hod, I
soiad Schmeazmiddl nema.

Dann hod mi des Freilein gfrogd,
ganz höflich, ob I gnua dring.
Freindlich wia I bin, hob I a
glei gandwoad: Ja, ja.

Wassa? Hod's dann a no nochgfrogd.
Ma kos i's gar ned vorschdein,
wia roud das de oglaffa is, wia's
mei Andwoad ghead hod:
'Sichalich, Wassa a, do is
ja im Bia gnua drin.'

Aba si hod ja a ned wissn kena,
das mi d'Mama zua Ealichkeid
eazong hod. Ned liang is mia
eidrichdad woan, vo gloa auf.
Hägsdns a bissl schwindln.

I kon ja a nix dafüa,
dass I's Wassa ned pua mog, oda?

Taufpate

Wos I ned oiss scho war,
oamoi Taufpate sogar.

Mein Schbezi hob I's obodn ghabd
und dea hod damois glei ja gsogd.

Zugleich hob I Depp
's a no eaweidad, des Angebod,
wei ea zum Arbadn
eine farn muas in d'Schdod.

Wenns'd ned dahoam bisd,
dann brauchd Si blos otelefonian,
dann dua I's auf Dägansä schoffian.

Dass des agradd am
Faschingsdeansdog bassian muas,
do hob I ma dengd: An schena Gruas.

D'Farb vom Vordog
hob I no im Gsichd ghabd.
As Konfeddi is ma no
ums Mei umma babd.

„A Bissl muasd no wardn
mim Kindagriang:
Easd muas I mi no renovian!"

A hoibe Schdund schbada hob
I's obghoid mid mein Karrn
und vasuachd si drodz Schädlwäh
ins Grangahaus zum farn.

Olle fünf Minudn hods gjammad:
'Jäds gäds los, I griag mei Kind!'
'Zwig dsam, des konsd ma jedz ned
odoa, I far a ganz gschwind!'

Endlich okema vorm Hosbidal am Sä,
do frogd mi dann a no a Schwesda,
ob I mid in Kreissoi eine gäh.

'Na' hob I drauf gandword:
'Mia duad da Kobf wäh!'

'Und aussadem bin I a ned da Vadda,
sondan nua a guada Bekannda!'

Bei da Daff hob I's Kind dann drong,
do wars ma scho wida woia,
des kon I Eich song.

Schnä,

do dean mia beim oschaung
scho d'Arm wä.
Des oan sei Freid,
des andan sei Leid.

So deng ma I,
wenn's vom Himme obaschneibd.
Heid deaf I wida schaufen,
a so a Freid.

Do kon I ma wida an
Hauffn Geid schbarn
und brauch ned ins
Fiddnessschdudio farn.

Da Weg dohi, dea war sowiso
zuagschnim gwen,
do häd I aufbassn miassn,
das I mi ned darenn.

Des Schaufen, des war
a richdige Schau,
a wen d'Finga scho
woan san richdig blau.

D'Handschda warn
vo gesdan no nos ,
doch leida hob I
do davo oa Bar blos.

Wia I hind feadig war, häd
I vorn scho wida ofanga kena.
Mid dem blädn Schnä,
do konsd Di darenna.

Zum Winda ghead a einfach dazua,
doch mia is as Fruajahr liaba, do
hob I wida mei Rua.

Gebuadsdogsgscheng

Mei Freind, da Sepp, hod sein Fuchdsga
gfeiad
und des Fesd dafüa scho weid voahea
ogleiad.

Wen ma so guade Schbäzin wia uns hod,
naha kon de Feialichkeid wean zua
Blog.

Olle ham ma eam dann obgsogd,
des hod an Sepp gans sche blogd.

Zu meim rundn Wiegnfesd kemans ned,
ja san den de jeds olle bläd?

A hoibads Jahr ham ma wos eischdudiad,
eam richdig zum dradsn hama brobiad.

Unsa Gescheng war dafüa umso schena,
mid an Gudschein sama doch zu eam
kema.

Flugangsd hod a ghabd, dea guade Mo.
Do damid hama gwusd, griang man dro.

Füa a Ballonfahrt am naxdn Dog hod a
zeid,
dsum ausse fliang in de grousse, weide
Weid.

Sofoad drauf is a grebsroud woan im
Gsichd.
'Na fliang dua I in meim Lem gar
nichd!'

Varegd war a uns beina, dea arme
Hund,
wei de Fahrt war gwen in a baar
Schdund.

A gewisse Zeid haman in dem Glaum
lossn,
bis sei Wei kema is:' Jedz kon a boid
nimma blosn!'

A lebendigs Schof hama eam dann
gschengd
und sei Äaga mid uns hod si wida
eigrengd.

Gfreid hod a si blödslich wia a gloans
Kind.
An Nama dafüa hod a gwusd gands
gschwind.

Klara wia sei Frau hod a des Vich dann
ghoassn
und is sofoad in Soi damid eine groasn.

Sei Schof hod a boid drauf dann
gschlachd
und bei da Feia dazua dann a wida
glachd.

(Zum Gedenken an meinen Freund,
Josef Joachim, Wirt
des Gasthof zur Post in der Jachenau)

Benschi da Hos,

dea frissd ned blos Gros.

Oiss wos a zum fuadan dawischn kon,
des ramd a owe, dea Hosnmo.

Beim Schbachdln is ea a Gourme,
do wachsd sei Bauch a gands sche.

Griagd ea a Zeidlang nix nei in sei Mei,
dann meid ea si scho, aba glei!

Manchmoi kimds ma so voa,
ois wen a Hungasnod schdäd bevoa.

Jäde Schdund mächd a wos
zwischn d'Zen,
doch da Benschi kon ned ren.
An d'Schdäb vom Käfig beissd a so lang,
bis oana von uns meagd sein Drang.
Hunga hod dea arme Hos
und des ned blos auf Gros.

Zum Lacha

Lacha

Gibd's wos schenas, ois wia
an Menschn lacha hean?
S'duad richdig guad,
wen d'Leid ned blos bläan.

Do dabei iss's eigendlich
völlig wuaschd, ob ma's
nüachdan machd,
oda noch an richdign Duaschd.

Ob's a andane Schbrach
schbrechan,
oda ob's a bissl andas riachan.

D'Haubdsach is tatsächlich
nua oans,
das eana a Lacha auskimd,
a ganz a gloans.

Tschau (Ciao)

Wea kend des Word no ned?
S'is Grias de und Pfiad de
gleichzeidig im neudeudschn Gred.

Unsa Wordschadz is in de ledzn
Jahr ganz sche erweidad worn.
Doch de richdig schena Wöada
in unsana Schbrach, de hama valoan.

Wos bei manche Bajuwarn
aussa kimd ausm Mei,
do foid da ofd
glei gar nix mea ei.

Do kon ma si nua frong,
wea eana des gleand hod:
Tschau zum song.

S'gibd no an Hauffn andane
saudumme Ausdruggsweisn,
de's uns ins Land brochd ham,
de neddn Breissn.

Obwoi des Ciao, des is ja sogar
wos Idalienischs,
wen ma des sogd,
dan is ma weltmännisch.

Hochgschdudiad muas ma sei,
dann bassd ma bessa in
d'Hei-Soseiedi nei.

D'Bruin auffe gschom üba d'Haar,
an Brosecco dringa an da Bar.
Auf Malle an Tekilla ausn Kibe sauffn,
anschdad in Schliasä an Beag auffe
laffn.
Do drom dann a bar Mass in da Oim:
Des dad sogar unsane
Freind ausm Rheinland gfoin.

Und wen da Wiad, da Schorsch,
dann sogd:'Pfiad Eich God
midanand , auf Widaschaun,
do songs dann :Tschau, des
is doch ned zum glam.

Südschwedn

A richdiga Breiss,
des bleibd a oana.
Ob's a groussa is,
oda a gloana.

Dakenna deans mia
eigendlich sofoad.
As vaarschn fo dene, is füa
uns a richdiga Schboad.

S'Mei wen's aufmacha,
dann ham mia ollawei
wos z'lacha.

Si kenan ja eigendlich
nix dafüa, aba oans
bleibd sicha:
Mia san mia.

Aschermittwoch

An Fisch soid ma do essn, noch
dera anschdrengendn Woch.
In de Faschingssogga is
no so manches Loch.

Konfeddi dauchan übaroin
auf, do is da Fisch des richdige
füa den schdrabbaziadn Bauch.

Schädelwäh hod so mancha auch,
aba wos machd ma ned ois mid,
füa so an oidn Brauch.

De Schdimmen san rauch,
so manche Hemadseame auch.
Vom äwign Wezn am Disch,
s'ledzde moi jedz
und des mid an Fisch.

Endlich is a gaar füa des Jahr,
aus is a da Fasching, wundabar.

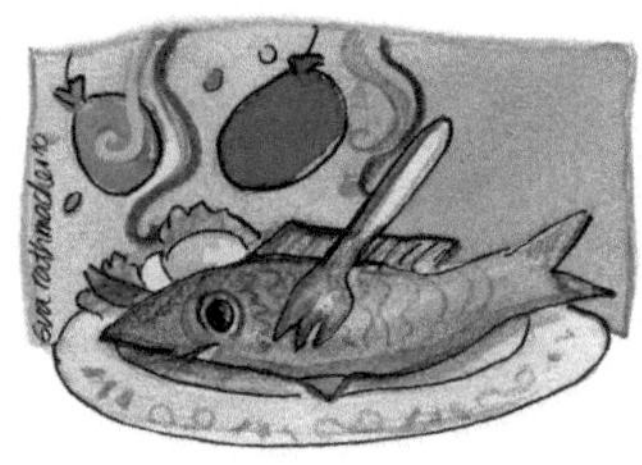

Dialog

Resl:	Soid I da wos song?
Franzl:	Du mächsd mi doch scho wida blos blong.
Resl:	Na, äha dad I di wos frong.
Franzl:	Doch ned scho wida, des hama ja gesdan easd ghabd.
Resl:	Aba do hosd doch Du mi wos gfrogd.
Franzl:	Jedz woas i's wida: Moing frog I Di no moi, hob I gsogd.
Resl:	Moansd des eansd, wos d'mi gesdan gfrogd hosd?
Franzl:	Obsd mi äväntuell heiradn dasd, war des de Frog?
Resl:	Endlich brobiasd as no moi. I häd scho gmoand, Du häsd aufgem!
Franzl:	Na, ma deaf si's doch no amoi andas übaleng. Mia lossn's sei, mid da Heiradarei.

Bläd schaung

des kenan ned blos Fraun.
Bei vui Leid moand ma, des
is dene angeboan. De ham
as Lacha komblett valoan.

Si ham an Blick beianand
wia a Schdia, so bläd schaug
I no ned amoi noch
zehn Hoibe Bia.

Wenn des wäh doa dad, wos
dad de arma Menschn ois blong.
Schaugd's ned so zwida,
dad I song!

Telefonidis
de Grangheid oda des Leidn
von da nein Zeid:

Ea: S'hod gschäwad des Drumm.
     Hosd as ned ghead?

Si: Hob I ned, da Maxl hod so blead.
     Warum bisd nachad ned Du
     higanga?

Ea: Wea mechad mi scho daglanga?
     D'Anruaf san ja doch blos füa Di,
     do gäh I beschdimmd ned hi.

Si: Und wen's doch amoi oana
     füa Di gwesn war?

Ea: Das ma uns moing am
        Schdammdisch dreffn, war doch
        gesdan scho glar.
        Bei uns hoidt des Gedächdnis
        a no noch fünf Hoibe Bia.

Si: So a saudumma Schbruch
        schdammd doch nua vo Dia.

Ea: Des Telefon ham mia doch
        eigendlich nua wenga Deina
        Grangheid.

Si: I kon Di manchmoi ned vaschdeh,
        wos moansdn do damid heid?

Ea: Wen Dia amoi as Telefon an's Or
        onegwagsn is, dann iss beinand,
        de Telefonidis.

Mia in Bayern

Boarisch leana

des is füa de meisdn ned leichd.
Boarisch vaschdeh,
des dengans, reichd.

Doch is's ja ned unsa Schbrach aloa,
s'hod a mid unsana Mendalität
wos zum doa.

S'hod so manch oana scho brobiad,
aba de meisdn ham's ned kabiad.

Sichalich san mia bsondane Leid,
bei uns zeid's no, d' Gmiadlichkeid.

S'gfreid uns aloa scho as Lem,
mia brauchan a ned sofui ren.

Sogar im Dudn sa ma erwänd,
des lisdige Voik in de Beag,
wea ma do gnennd.

Beag

Auf'n Beag auffe geh,
langsam und ruhig,
des is schee.

Do dabei d'Natua oschaung,
d'Feisn und d'Bam.

Den Alltag vagessn,
den Schdress vom Büro.

D'Räh oschaung und d'Gams.
D'Veegl pfeiffn hean.

Und dann a Mass dringa
und Brodzeid macha.

Und wenn's bressiad,
beim Eischenga heiffn.

Bei uns is's scho schee,
s'Lem in de Beag und an de Sä.

D'Sun

Jäda Dog is wundabar,
wenn ma's sigd.

Aloa wenn's scho
aufgäd in da Fria.

Danoch schdeig's
auffe bis an Zenid.

Jäde Schdund in da
Sun is schee.
Ma muass's
einfach genisn.

So iss's a im Lem.
Jäda neie Dog
soid oan Freid macha.

Wei auf'd Nochd gähds unda.
A des is schee.

Nua wenn's a moi ganz
dungä wead,
dann iss's vabei damid,
genau wia im Lem.

Paradis

Gibd's as wiaglich, as Paradis?
I glab scho, füa mi is's gwis.

Füa mi sans d'Beag, d'Sä
und unsane Madl,
de san so schee.

Ogschmiad wen's ned san,
do dafüa aba nett lacha dan.
Einfach wia's da Heagod
gschaffn hod, so san's
mia am liabsdn grod.

Doch a woana müasns kena
des ghead dazua,
genau wia da Kafä zum
aufschde in da Frua.

Mid soichane Deandl
do fui I mi wia im
Paradis, weis do
einfach schee is.

Sche Weda

wen's is und Bleame blian, dann
brauch ma endlich nimma frian.

Da Winda aus, as Früajahr do,
do gfreid oan as Aufschde scho.
Wen draussn d'Vegl bfeiffn und
sche langsam wida d'Bflanzl reiffn.

Dann keman d'Frühlingsgefühle raus
und as Trübsal blosn is endgültig aus.

Endlich brauch ma koan Anorak mea
oziang und koa Haum mea aufsedzn.
Do sidz ma scho bei da Brodzeid draussn,
bei a bar Weißwüaschd und frische Brezn.

Am Nomidog im Biagardn sidzn
und dabei so richdig schwidzn.
De feschn Madl nochschaung
und nadüalich a de sauban Fraun.

Wen's endlich wida an Rog ozong ham
und am Sondog sogar a Diandl drong.

Dann reissn a mia Mana de Kuaze raus,
wei de koide Zeid is endlich aus.

Kadoffen und Budda

Wei des nix guads is.
Schwammal frisch broggd,
mid an schena Semmegnedl.

A seiba gfangda Fisch,
oda a schena Schweinsbron.

A Pizza schmegd a amoi,
oda a guads Dschiwabdschidschi.
Wei's Gyros vom Grichn
oda d'Schbageddi beim Idaliena
uns ned a schmegga dan.

Aba genau so guad san
Wina oda a Lebakassemme.

Ma soid mid gloane
Dinge zfrin sei, es muas ned
unbedingd des deiasde sei,
wos am bessdn schmegd.

Bia

S'is in Bayern a Lebnselexia.
Füa des, dass's uns schmeggd,
kenan mia nix dafüa.

Beim Beag auffe geh,
aus da Gwein wos noss.
Doch in da Oim dann
a Radlamass.

Wen am Pargblodz schdähd:
Ruhedog,
woas I ned,
warum I's auf mi nim, de Blog.

Do gibd's nachad sicha
no an andan Weg auffe.
Wei a bissl a Belonung
füa de Schinddarei brauch I.

Feiramd

Endli bin I feadig mid da Arbad.
So und jedz hoff I, dass Si
a guade Brodzeid heagrichd hod.

Danoch flagg I mi foan Feansäa hi
und schaug in den Kasdn bis um zweife.

Oda soi I ma mid meine Schbezi
no a bar Hoibe Bia kaffa?
Nacha kannd ma no a bissl radschn,
üba Fuassboi oda üba d' Arbad.

Si is aba so äglhafd und mächd,
dass I no an Rasn ma.
Mid'n Buam soi I no Fuassboi schbuin
und am Madl sei Hausaufgab
muas I a no oschaung.

Do kon I a glei dahoam bleim.
Vielleichd is des ja sogar
vui gscheida, oda?

Ealich sei

Grod aus duachs Lem geh,
zu dem wos ma sogd a schdeh.

Des hams mia vo gloa auf beibrochd,
und des hod mi imma weida brochd.

An Jädn kenan Fäla bassian im Lem,
doch do dazua muas ma a schde.

Wea one is, weafe den easdn Schdoa,
aba do auf a Moi, do wead d'Weid gloa.

Weis one Fäla koane Leid ned gibd,
doch drodzdem imma d'Ealichkeid sigd.

Durschd

Wea abad deaf a Durschd hom.
A jäda muas seiba wissn,
wos füa eam guad is.

So ungsund is as Bia ned,
wenn ma's ned übadreibd.

S'muas ja koa Schnabs ned sei,
aba a a gloana Enzian
duad ned wä, wenn's
ned glei a Flaschn is.

Doch genau so guad is
a as Wassa aus'n Boch.
Nadüali in de Beag drom,
und ned des dabislde
von da Schdod.

Doch ma is no lang
koa Alkoholika, wenn ma si
noch da Arbad a Hoibe
kaffd oda a zwoa.

Oda a Schebbal Wein dringd
mid da Frau auf da Hausbang.

So wos kead einfach
dazua , zum Lem.

Freid

S'Lem soi an jädn a Freid macha.
Des war ganz einfach,
aba leida unmöglich.

Imma wida keman's, de Soagn.
Ob's a Grangheid is, oda a Griag.
Oiwei wida kimmd wos dadzwischn.

Dässweng soid ma an jädn Dog
geniessn, so lang wia's gäd.

A gloana Wäbsnschdich
oda a Obaration,
so wos bringd oan ned um.

Wo d'Freid am Lem do is,
do gibd's imma an Ausweg.

De schlimmsdn Soang ko ma vagessn,
wenn ma's hod, d'Freid am Lem.

Gedangn

S'denga ko uns koana vabiadn.
Drum soid ma einfach a amoi
nochdenga,
üba wos ma si eigendlich aufreng muas.

Is eigendlich de Bolidig wichdig?
Oda da Schdreid mid de Nachbarn ,
oda mid'n Vamida.

Kon si denn koana mea
auf's wichdigsde besinna?

Füa mi is des de Freid am Lem,
da Gsang vo de Vegl,
d'Sun, da Mond und d'Schdean.
Und füa eng?

De andan

Wos kümman mi de andan?
Wos de song, do kennan scho
beschdimmde Sachan schdimma.

Aba wia I wiaglich bin,
des wead so genau koana wissn,
wia I seiba.

Oda gibd's Menschn, de in
an andan eineschaung kenan?

D'Vicha, de kenan uns Menschn
vui bessa beurteiln,
wia mia seiba.

Oda hod des no koana gsäng,
wia a Hund easd a moi
an an Menschn one riachd,
um fesd zum schdein,
wos des füa oana is,
den wo a grod kenna leand?

Diri Dare

Geid, Kohle oda Manni,
s'is egal wia ma's nennd,
ma brauchd's auf olle
Fälle zum lem, oda?

Gib's vielleichd a
no andane Weade?
Is ned gsund und
zfrin sei wichdiga?

S'hod freile sei
Bedeidung, des is glar.
Aba muas mas a so
in Voadagrund schdein?

Mäglichaweis soid ma
do drüba nochdenga,
wai sonsd weads bei
de Leid owei schlimma,
de Gia nochn Geid.

Einfach

Warum is ois so kombliziad
auf dera Weid?

Einfach grod aus sei,
ned um drei Eggn rumren.

Mia san doch a ealichs Voig,
vielleichd ned olle,
aba doch de meran.

Um an hoassn Brei ren,
des muas doch ned sei.
Sog wos d'wuisd,
dann kon i da heiffn.

Doch biddschen liag
mi ned o,
des kon i ned hom.

Wei zwida kon i nemli
a wean, a wenn's
das ned glabsd.

Liab

Schdean

Du hosd mi droffn, ois wia
wen endlich oana obagfoin war.
I kon's da ned richdig eaglean,
doch es is füa mi einfach wundabar.

S'Leichdn fo Deine Aung, des is
füa mia wia a Feiaweak so schee.
Den ganzn Dog deng I an Di.

Hoffentlich, übaleg I ma imma wida,
gäd des nia vabei, denn Du
bisd mei auf und nida.

Nia häd I mea glabd, dass's so
wos füa mi no amoi gem kand,
doch eigendlich is des füa
mi ganz gwandt.

Mid Dia kon I olle meine Soang
vadreim.
I kon blos hoffn:
„Du weasd imma bei mia bleim!"

Dann brauch I nix andas mea,
wei I gib Di nimma hea.

Mogsd mi no?

I glab eigendlich gands fesd dro!

Meine Gdangn san Dog und Nochd bei
Dia,
do kon I eigendlich gar nix dafüa.

Wos soid I den blos no macha,
I hea Di hoid so gean lacha.

Mia ham so vui gemeinsam
und one Di bin I total einsam.

Wen I aloa blos mid Dia telefonia,
na gäds scho wida los,
des grouse Gschbüa: D'Liab zu Dia.

Liab

Wenn des des is, wos I scho de
gandse Zeid dua gschbüan,
seid dem I Di ken, dann mächd
I des und Di nimma valian.

Schmeddaling im Bauch hob
I zwar genauso wenig, ois wia
an Gniaschwammal, doch wen
I Di ned in Arm nema kon, dann
feisd ma sofui ois wia zum
Schua odsiang as Schammal.

In d'Aung Dia zum schaung und
Dei liabe Schdimm hean, glab ma's,
do kund I manchmoi rean.

Nia häd I glabd, das I so wos
Schens no dalem kund. S'is wia
s'Friajahr, endlich san
d'Wiesn wida bunt.

I bin valibd, des is so sche,
Du deafsd nimois wida
von mia geh.

Bei Dog und Nochd bin I bei Dia
und hoff, das I Di nimois mea valia!

Aktuelles

D'Haushama Schranga

De hama unsana Ban zum vadanga.

Si is mera zua ois wia offn,
manchmoi ko ma nua
auf a Wunda hoffn.

Bressian deafs da in Hausham ned,
vo lauda Wardn weasd manchmoi bläd.

Seid Jahrn rens von a Bruggn
oda gar an Tunei.
Doch bei da Bahn do gäds ned schnei.

Da Zug deaf in Miaschboch ned wegfarn,
bevor's in Hausham am Schdeiweag
ogruaffa ham.

Doch irgendwann soiadns
a Moi a andane Lösung suacha,
sonsd miass ma an Mehdorn sein
Nachfoiga amoi bsuacha.

So wia in Agadariad a
eleggdrische Schranga,
do dafüa dadn mia Haushama
uns a scho bedanga.

Wei mia san scho dsfrin mid
gloane Sacha,
Haubdsach war, si dadn endlich
amoi wos Gscheids macha.

Beagweak

Do drin ham d'Leid as arbadn gleand
und gar ned fui Geid dabei vadeand.

Malochn ham's miassn unda Dog,
des war fei a richdige Blog!

Drodsdem ham's as Dogweag voibrochd,
gschuffd und graggad bis auf d'Nochd.

Ausn Schdoin aussa kema bechschwarz,
do hod's as ned gem de Koin vom Hartz.

De Mana ham no gleand wos arbadn is,
wenga Dsuschüss ned gmachd a Gschiss.

Do ko ma heidsudog dafo drama,
de ham gwusd, wia's raggan is ganga.

De neie Zeid

Düsnjaga, Rakädn und Fliaga,
olle haun's an Dreg ausse
in d'Umweid.

Flaschn, Kaugummi und Globabia
flaggan im Woid umanand.
Genau a so, wia oide Feansäa
und ganze Coudschgarniduan .

Wo soi des blos no hifüan,
wenn koana wos dageng duad.

Sig des blos I a so,
oda gibd's a no andane Leid,
dene wo's grausd vo de Naggadn
an da Isar, oda am Flaucha.

Warum müassn de unda
de Ozogna ling?
Und se ned blos unda
eanas gleichn ausziang.

Kuacha,

do miasds in Hausham
an Kandlinga bsuacha.

Dea is ned blos guad,
dea schmegd a no,
so dasn d'Leid am
liabsdn glei essn do.

Doch a midnema ko man jädazeid,
aloa as oschaung machd scho a Freid.

Da Hans, dea kons einfach,
as Kuacha macha.
Doch a zum Essn gibds
bei eam guade Sacha.

Drum sogds as an jädn Fremdn ei,
gäds zum Hans ins Cafä nei.

Schboad is gsund!

Beagge, radlfan und schwimma,
ma kon a billigane und scheenane
Sacha macha, ois wia
Maudnbaiking und Bodibilding.

Mid'n Hoidshacka ko ma
genau a so seine Musgln aufbaun,
wia mid'n Fidnessschudio.
Und in da Sun wead ma
schena braun, ois wia im Solarium.

Doch ma soid koan
dessweng ned fadaifen,
blos wai'a andane Sachan machd.

Uns is des oane vielleichd liaba,
de andan soin des andane doa,
grod so wia a Jäda wui.

Racha

Warum muas ma den a so an Blädsinn
macha?

A Lasda des koa Mensch ned brauchd,
oda schaffds oana o, das
ma an Glimmschdengl rauchd?

Gsund sois a ned sei, song d'Leid.
Wiaso machd dea Schmarrn dann a
Freid?

Ma hod an saudumma Schdengl
in da Goschn drin.
Dann zünd man o,
s'gäd a Woign auf,
machd des an Sinn?

Aba wen ma si üba was eagan duad
und ma kochd voa lauda Wuad.
is's dann ned vanünfdiga,
das ma oane rachd, bevoa
ma an Riesnfäla machd?

Bevoa ma an Däbbn richdig oschreid,
rachd ma liaba oane in dera Zeid.

Weniga racha duad a ned wä,
doch wenigsdns zum Bia oda zum Kafä,
do soids nachad dambfn,
nadüalich a nochm Mambfn.

A berümde Peasönlichkeidn ham grachd
und ham drodzdem vui glachd.

Si san sogar ganz sche oid worn,
beim Racha seiba is no koana gschdoam.

A Münchna im Himme,

des is dea, dea wo bei uns
so richdig im Schdau schdäd.
Des muas füa de Ambedodschn
sei, wia de groasse, weide Weid.

Wenn's in Schwabing as Navy
eibrogramian, aba beim Aussafarn
drodzdem d'Richdung valian.

Dann gibd's nua oans füa
de Leid aus da Schdod:
Doch no in d'Kardn eine schaung,
wen d'Ambe schdäd auf Rod.

Alle Wege füan nach Rom,
oda a an Dägansä,
dad I song.

Braxis Dr. Sepp

In da Braxis vom Wörschhauser Sepp,
do konsd manchmoi wardn wia a Depp.

Do roasn seine feschn Madln umanand,
oiwei mid an sauban und schena
Gwand.

Gands gschaffdig heiffans an jädn,
den wo's einaschneibd.
Si san füa olle
Baddziendn glei bereid.

Und wen ea seiba dann wiaglich
grod a Moi Zeid hod,
dann griagsd vo eam oda seim
Kombanion a an guadn Rod.

A Übaweisung zu an Schbezialisdn,
an Schdrom, Nodln in Buggl,
oda in Orsch nei a Schbridzn.

Ma kon sei Braxis nua weida embfein,
denn da Sepp und seine Leid,
mid dene konsd Bfeadl schdein.